Inhalt

Führen in der Krise - wie man die die besten Köpfe im Unternehmen hält

Kernthesen

Beitrag

Fallbeispiele

Weiterführende Literatur

Impressum

GENIOS WirtschaftsWissen Nr. 08/2010 vom 06.08.2010

Führen in der Krise - wie man die die besten Köpfe im Unternehmen hält

R.Reuter

Kernthesen

- Krisen und die daraus resultierende allgemeine Verunsicherung bringen die Unternehmen häufig in die schwierige Situation, dass die Leistungsträger das "sinkende Schiff" verlassen wollen.
- Um die Abwanderung der Besten zu verhindern, ist die Führung in der Situation besonders gefordert und muss sich gezielt um dieses Problem kümmern. Insbesondere das Aufzeigen beruflicher Perspektiven

kann helfen, die Identifikation mit dem Unternehmen wieder zu stärken.
- Essentiell sind in Krisenzeiten Berechenbarkeit und Verlässlichkeit des Managements gerade gegenüber denjenigen, die sich ihrer Zukunft im Unternehmen nicht mehr sicher sind.
- Eine offene Kommunikation hilft, dass die Entscheidungen der Führung verstanden und akzeptiert werden können.

Beitrag

Krisen bedrohen die Identität

Wirtschaftliche Abschwünge wie die noch immer nicht ausgestandene Finanzkrise machen den Unternehmen das Leben schwer. Dies gilt insbesondere für Umsätze und Gewinne, die in fast allen Branchen wegen der weltweiten Rezession deutlich zurückgegangen sind. Eine andere Folge betrifft die Psychologie der Mitarbeiter, die in Krisenzeiten gleich von zwei Seiten unter Beschuss gerät: Die schwierige Wirtschaftslage des Arbeitgebers erhöht zum einen die Gefahr, betriebsbedingt gekündigt oder nur noch in Kurzarbeit beschäftigt zu werden. Damit steht schon einmal die Existenz des Mitarbeiters in Frage. Darüber hinaus steht jedoch auch die gesellschaftliche Identität des Mitarbeiters nun auf wackeligen Füßen, denn diese gründet sich heute in erster Linie auf den Beruf. Die Art des Broterwerbes bestimmt unser Ansehen und den Lebensstil unmittelbar. In Zeiten wirtschaftlicher Depression droht dieses existenzielle Fundament wegzubrechen. (1)

Leistungsträger verlieren die Bindung

Dieses doppelte Damoklesschwert aus einer Bedrohung sowohl der wirtschaftlichen wie der gesellschaftlichen Existenz birgt für das Unternehmen tendenziell gefährliche Entwicklungen. So könnten insbesondere die Leistungsträger auf die schwierige Lage damit reagieren, dass sie sich nach einem neuen, sicheren Arbeitsplatz umsehen. Die wirtschaftliche Krise sorgt damit unmittelbar dafür, dass die Bindung des Mitarbeiters an sein Unternehmen nachlässt. Da dies insbesondere die tüchtigen Leute betrifft, die auch anderswo Aussichten hätten, ist das Unternehmen nun davon bedroht, mitten in der Krise auch noch die besten Köpfe zu verlieren. Ein wesentlich stärkeres Beharrungsvermögen weisen hingegen die schwächeren Arbeitskräfte auf, da sie die Möglichkeit, einen neuen Job zu finden, gar nicht sehen. (1)

Identifikation mit dem Unternehmen stärken

Für die Führungskräfte eines schlingernden Unternehmens resultiert hieraus die Aufgabe, die Identifikation der Leistungsträger mit der Firma zu stärken. Die negativen Einflüsse aus der Krisensituation können sie hierbei freilich nicht ausschalten, doch gibt es andere Möglichkeiten. So sollte dem Gerechtigkeitsempfinden der guten Leute gerade jetzt besonders entgegengekommen werden, denn eine Gratifikationskrise in solchen Zeiten würde die Abwanderungstendenzen noch weiter verstärken. Arbeitspsychologen empfehlen, gerade den Leistungsträgern in der Krise Perspektiven für ihr berufliches Fortkommen aufzuzeigen, da hieraus sowohl eine wieder engere Bindung an die Firma als auch ein Motivationsschub resultieren kann. Das Management muss bei solchen Maßnahmen allerdings darauf achten, hierdurch nicht für Ungerechtigkeitsgefühle bei anderen Mitarbeitern zu sorgen. Trotzdem sollte Transparenz an erster Stelle stehen: Die Führung muss verdeutlichen, dass der Umfang der Privilegien davon abhängt, wie groß der

Wert ist, den ein Mitarbeiter für das Unternehmen hat. (1), (2)

Vertrauen und Wertschätzung

Zudem sind an den Umgang mit den Mitarbeitern besondere Forderungen gestellt, wenn die Stimmung schlecht ist und Abwanderungstendenzen spürbar werden. Die bekannten Regeln für die Mitarbeiterführung sollten daher gerade jetzt Anwendung finden: Führungskräfte müssen sich ihrer Vorbildfunktion bewusst sein und dementsprechend auftreten. Überdies sind Berechenbarkeit und Verlässlichkeit gerade gegenüber denjenigen wichtig, die sich ihrer Zukunft im Unternehmen nicht mehr sicher sind. Grundlage für ein vertrauensvolles Miteinander durch die Krise hindurch sind daher eine offene Kommunikation und ehrliche Ansprache. Das hieraus entstehende Gefühl, wertgeschätzt zu werden, tut ein Übriges, um Bindungsgefühle zu verstärken. Zugleich wird dem Mitarbeiter so auch eine emotionale Orientierung gegeben, die der von der Krise verursachten Verunsicherung entgegenwirkt. (1), (5)

Schnelligkeit und Konsequenz

Auch an die operative Unternehmensführung sind in Krisenzeiten besondere Anforderungen gestellt. Da nur der Vorstand und die Führungskräfte mit ihren Entscheidungen den Weg aus der Krise einschlagen können, steigt in solchen Zeiten die Verantwortung an. Schnelles Handeln und konsequente Einschnitte sind jedoch besonders schwierig zu bewerkstelligen, wenn in den Jahren zuvor auch ohne Schwenks Erfolge erzielt wurden. Die Folge kann dann ein passives Laisser-faire sein, das die Krisenfolgen für das Unternehmen noch einmal verstärkt. Die Unternehmensführung ist daher gefordert, das Gesetz des Handelns an sich zu nehmen und Führungsstärke zu beweisen. Hierbei geht es häufig nicht ohne eine schonungslose Bestandsaufnahme, die manche Gewohnheiten aber auch Pfründe auf den Prüfstand stellt. Dann bedarf es Mut und Rückgrat, denn der Beifall der Belegschaft ist bei heftigen Einschnitten nicht zu erwarten. Eine offene Kommunikation hilft auch jetzt, dass die Entscheidungen der Führung verstanden und akzeptiert werden können. (2), (6)

Trends

Kreativität als wichtigste

Führungsaufgabe

Der Computerkonzern IBM hat die Ergebnisse einer weltweiten Umfrage bei über 1 500 Führungskräften aus 60 Ländern und 33 Branchen veröffentlicht, in der diese angeben sollten, wo sie ihre Hauptaufgaben in der Zukunft sehen. Auf Platz eins der wichtigsten Führungsqualitäten und -aufgaben der Zukunft landete dabei die Kreativität. Kreativforscher sind sich dabei sicher: Mitarbeiter werden kreativer, wenn sie das Gefühl haben, dass ihr Arbeitgeber Einfallsreichtum fordert und fördert. Und: Kreative Unternehmen hatten selbst in der Wirtschaftskrise die Nase vorn und wuchsen schneller als ihre Konkurrenten, wie die Studie ebenfalls herausfand. (8)

Fallbeispiele

Jung von Matt Werbeagentur GmbH - Krisenreflexe vermeiden

Wilder Aktionismus ist in Krisenzeiten nicht gefragt. Hierauf hat kürzlich der Geschäftsführer der Jung von Matt Werbeagentur GmbH, Jean-Remy von Matt, in einem Vortrag in Berlin hingewiesen. Von Matt sieht es als falsch an, als Reaktion auf die Krise die Kundenakquise hochzufahren, um Ertragseinbrüche abzufedern. Stattdessen habe es sich bewährt, die Kontakte zu den langjährigen Kunden besonders zu pflegen, um so die Zusammenarbeit auch für die Nachkrisenzeit sicher zu stellen. Überdies habe die Agentur auch den Krisenreflex vermieden, gegenüber den ebenfalls gebeutelten Wettbewerbern infolge der Auftragsrückgänge einen besonders kompetitiven Geist an den Tag zu legen. Stattdessen ist Jung von Matt mit den Wettbewerbern ungewohnte Kooperationen eingegangen, die allen beteiligten Firmen dabei halfen, die Krise unbeschadet zu überstehen.

Zurich Financial Services - Kommunikation in Krisenzeiten

Über gute Erfahrungen mit einer offenen Kommunikationsstrategie berichtet der Finanzdienstleister Zurich. Das Unternehmen machte bereits 2001 bis 2003 eine Krise durch, die aber für positive Veränderungen genutzt werden konnte. So bewährte sich ein neuer Umgang mit den Mitarbeitern, der vom offenen Gespräch von Angesicht zu Angesicht geprägt war. Auf die stärkere Nutzung von E-Mails und Intranet wurde hingegen verzichtet, da diese Art der Kommunikation nach

Erfahrung von Zurich zur Vertrauensbildung weniger geeignet ist. Seit der Krise hat Zurich 26 Quartale in Folge Gewinne erzielt. (3)

Coach für Konflikt- und Krisenmanagement - Zuwendung statt Sachlichkeit

Der Coach für Konflikt- und Krisenmanagement Günter Seipp warnt Führungskräfte davor, sich in Krisenzeiten bevorzugt auf die Sachebene zurückzuziehen. Stattdessen sei es notwendig, sich dem Mitarbeiter auch persönlich zuzuwenden, ihm zuzuhören und auf Ängste einzugehen. So könne vermieden werden, dass sich die Mitarbeiter in ein Schneckenhaus zurückziehen, ausschließlich an ihre Existenzsicherung denken und den Kollegen als Konkurrenten empfinden. (4)

h3>Auch Consultingbranche im Wandel

Die Beraterbranche ist infolge der Wirtschafts- und Finanzkrise in Bewegung geraten. Im Vordergrund stehen immer häufiger operative und sogenannte Business-Excellence-Projekte, also Projekte zur messbaren Verbesserung der Managementqualität. Elitäre Strategieberater wie McKinsey, Roland Berger oder Boston Consulting finden vielfach in ihren angestammten Gefilden nicht mehr genügend Aufträge und begeben sich in die Niederungen des praktisch-operativen Geschäfts, zum Leidwesen der kleineren Spezialisten. (7)

Weiterführende Literatur

(1) Führen in einer schwierigen Zeit
aus Die Bank, Heft 06/2010, S. 76-80

(2) Der "Tag der Wahrheit" und seine Folgen
Erfolgreiches Führen in der Krise erfordert konsequentes Handeln
aus Betriebswirtschaftliche Blätter, Februar 2007, Nr. 02, S. 75

(3) Führen in der Krise
aus Neue Zürcher Zeitung 09.09.2009, Nr. 208, S. 65

(4) Mitarbeiter in Krisenzeiten motivieren
aus Verkehrs Rundschau, Heft 39/2009, S. 35

(5) Unternehmensführung
aus Elektronikpraxis Nr. 014 vom 26.07.2010 Seite 048

(6) Der ideale Krisenmanager
aus FINANCE - Der Markt für Unternehmen und Finanzen Heft Sonderbeilage März vom 26.02.2010, Seite 25

(7) Entzauberte Ratgeber

aus WirtschaftsWoche NR. 030 VOM 26.07.2010 SEITE 052

(8) Alles außer gewöhnlich
aus WirtschaftsWoche NR. 030 VOM 26.07.2010 SEITE 070

Impressum

Führen in der Krise - wie man die die besten Köpfe im Unternehmen hält

Bibliografische Information der deutschen Nationalbibliothek

Die Deutsche Nationalbibliothek verzeichnet diese Publikation in der deutschen Nationalbibliografie; detaillierte bibliografische Daten sind im Internet über http://dnb.d-nb.de abrufbar.

ISBN: 978-3-7379-0236-6

© 2015 GBI-Genios Deutsche Wirtschaftsdatenbank GmbH, Freischützstraße 96, 81927 München, www.genios.de

Alle Rechte vorbehalten. Dieses Werk ist einschließlich aller seiner Teile – z.B. Texte, Tabellen und Grafiken - urheberrechtlich geschützt. Jede Verwertung außerhalb der Grenzen des Urheberrechtsgesetzes bedarf der vorherigen Zustimmung des Verlags. Dies gilt insbesondere auch für auszugsweise Nachdrucke, fotomechanische

Vervielfältigungen (Fotokopie/Mikroskopie), Übersetzungen, Auswertungen durch Datenbanken oder ähnliche Einrichtungen und die Einspeicherung und Verarbeitung in elektronischen Systemen.